Incompleto

Giovanni André Salas Pari

INCOMPLETO

Editado por: Corporación Ígneo, S.A.C.
para su sello editorial Ediquid
José Olaya 169, Ofic. 504, Miraflores. Lima, Perú
Primera edición, noviembre, 2024

ISBN: 978-612-5160-95-9
Tiraje: 50 ejemplares

Hecho el Depósito Legal en la Biblioteca Nacional del Perú N° 2024-10976
Se terminó de imprimir en noviembre de 2024 en:
ALEPH IMPRESIONES SRL
Jr. Risso Nro. 580 Lince, Lima

www.grupoigneo.com
Correo electrónico: contacto@grupoigneo.com | Teléfono: +51 955 071 270
Facebook: Grupo Ígneo | X: @editorialigneo | Instagram: @grupoigneo

Colección: Nuevas Voces

Contenido

¿Sexo o amor?

Fácil de responder,
es tan lujurioso mi ser
que tan solo pienso en coger.

Dejemos a los amantes el amar,
yo solo quiero gozar,
así que abre las piernas y déjame entrar.

Susúrrame al oído mientras lo levanto,
latigando tu cintura hasta que grites ¡Ya no aguanto!
y saborear ese olor que me gusta tanto.

Fornicar todas las horas que podamos,
maltratarte y fingir que nos amamos,
copulando mientras los deseos carnales quemamos.

Dejémonos llevar,
tus extremidades atar,
hazte cargo de mi ser perverso o déjamelo saciar.

Déjame manosearte,
rozar parte con parte
y si no obedecés ahorcarte.

Dejarte sin aire y aun así obligarte a que me aclames como «tu hombre»,
marcar tu cuello con mi nombre,
marcarte las nalgas y abrirte el culo para que tu cuerpo se asombre.

Beberás mis fluidos sin reclamo alguno,
rellenar tus agujeros con juguetes uno por uno
y me rogarás por más como a ninguno.

Espero dejes con tus uñas mi espalda marcada
y cuando estés nuevamente esposada
terminar con la lluvia dorada.

Ya no se hablará de lo sentimental,
describirás tu más profundo deseo carnal,
elige el coger por el amar,
eres libre de este sexo perpetuar,
eres libre de este texto continuar...

Muerte y vida

Solo sé escribir
es mi razón de vivir
mi corazón dejará de latir
dejaré de sentir
pero escribiendo voy a morir...

Dormir y no querer despertar
llorar sin parar,
amar sin dañar,
pensar en lo que va a pasar
cuando quede inerte
sin poder sentirte, sin poder quererte
o cuando despierte
deseando aún la muerte.

O mejor olvida
tal vez es mejor la vida
para reír llorando
para seguir amando
a mi madre querida.

Estoy muy confundido
un ser sin ser querido
viviendo sin motivo
o muriendo vivo.

La tristeza y la soledad

Es triste enterarse de la realidad,
no le gustas, no le agradas en verdad,
bailar sin música es como bailar con la soledad,
es lo que pasa, al genio se le fue la genialidad.

Es feo saber que el 2 no se quedó con el 1
es feo saber que no «eres como ninguno»,
es feo saber que ya nadie te aprecia,
los oídos sordos y yo la palabra necia.

Por fuera sonríes, por dentro lloras,
sabiendo que había alguien que te amaba y tú lo ignoras;
solo se habla de la felicidad y la alegría,
sabiendo que más abunda la tristeza en la poesía.

Saber que causaste daño,
las penas te atormentan año a año,
saber que algún día te vas a morir
y en vez de vivir la vida te pones a sufrir.

Saber que lo intentaste y perdiste
pensando que ganaste, pero te rendiste
saber que no hay personas buenas ni buenas personas
que no existe un buen amor, si no razonas.

Saber que llega la tristeza y se va la alegría,
saber y aprender a no recibir un «te amo» en todo el día,
pensar, pensar y no saber qué hacer,
tener, tener amor y no saber a quién querer.

Saber que la realidad es terrible
saber perder, aunque perder a alguien es horrible,
saber que no hay unión de polo a polo,
saber que no tienes a nadie es saber que estás solo.

Poeta de letras gastadas

Se acabó mi época de escribir,
se acabó porque dejaste de sentir,
sabía que algún día te ibas a ir,
ese día dejaría de existir.

Aquella vez en el modelaje
vestías de blanco y yo de traje,
aquella vez en el viaje,
o en aquel baile, tú de reina y yo de paje.

Nos perdimos, pero nos volvimos a encontrar,
sonreímos y nos empezamos a amar,
caminar de lugar en lugar
perdidos entre besos te empecé a desnudar.

Las ganas nunca nos faltaban,
noche tras noche nuestros cuerpos rozaban,
noche tras noche nuestras mentes follaban,
noche tras noche nuestras almas se juntaban.

Es una larga historia...
estar contigo fue mi mejor victoria;
te amaba de manera tan notoria
que recordé todo, a pesar de mis pérdidas de memoria.

Casarme contigo fue lo mejor que me pasó,
nuestro amorío el límite sobrepasó
te extraño, amor,
maldita sea la muerte, nos separó.

Dolores de una noche

Cada vez la noche se hace más pesada,
no dejo de pensar en nada
y eso me enloquece,
en el sentido literal de la palabra, necesito un abrazo a veces.

Tal vez no duermo porque no tengo sueños que seguir,
tal vez no sé con qué soñar,
a veces no sé si quiero vivir
y al dormir me da miedo no despertar.

¿Se hacen ilógicos mis pensamientos
o se hacen ilógicos mis sentimientos?
en cada lamento me pongo duramente a pensar,
que también me hace feliz llorar.

Pienso y pienso, y sobre pensar también lastima
porque me doy cuenta de la verdad,
que yo al quedarme sin mi rima
me quedo en completa soledad.

Y eso daña de manera abrumadora;
bueno, son las 12:00 llegó la hora
de castigarme con cada reproche,
yo lo llamo «los dolores de una noche».

Madre

Mamá, ¿cuándo volverás a casa?
Papá... me quedé sin palabras,
extraño tener familia,
familia, espero las puertas me abran.

¡Vuelvan! Ya no quiero estar solo.
¡Tengo miedo! Nunca lo dije en voz alta,
me siento perdido, desganado, adolorido,
mamá, si me dieron todo entonces... ¿Qué me falta?

¿Amor tal vez? Lo mendigo a cada rato,
alcohol también para verte feliz un momento,
discúlpame, mamá, por esto, pero
drogas también para que me veas feliz un momento.

Mamá...
Tranquiliza mis pensamientos en tus brazos,
acurruca mis sentimientos escasos.

Guarda en tu bolsillo mi sonrisa,
sécame las lágrimas cual brisa,

Recorre mi mejilla con tus manos,
y sácame de aquí,
dime que todo estará bien,
mamá, sálvame de mí.

Viejo

Viejo, gracias por no ser como otros,
gracias por quererme, aunque me demuestres poco,
sé que la relación padre-hijo no es muy buena entre nosotros,
pero te quiero y no me da vergüenza decirlo, te quiero, por eso en mi poesía lo coloco.

Viejo, gracias por dar todo de ti,
perdón por lo poco que recibes de mí,
perdón por no buscarte cuando quería un abrazo,
perdón por tanto desprecio y tanto rechazo.

Perdón por decepcionarte,
perdón por fingir que no te quería,
perdón por no tener nada para darte,
solo una simple poesía.

Viejo, perdón por llamarte viejo,
perdón por no decir nada cuando necesitaba de tu consejo,
perdón por alejarme,
pero gracias por no dejarme.

Sé que no soy el mejor hijo,
ahora quiero ser completamente sincero,
si dije no quererte me corrijo,
porque padre, sí, TE QUIERO.

Un poema más...

Mi poesía se escribe cuando ella quiere,
ella es dueña de mí,
si yo muero ella no muere,
ni aunque borren las letras que alguna vez escribí.

Me lamento por no hacer buena poesía,
perdón por las cosas escritas,
no olvidaré lo que me preguntaron aquel día:
«¿Por qué no escribes sobre cosas bonitas?».

No sabía qué responder,
tal vez en mi vida solo hay negativas emociones,
o tal vez es lo único que mis ojos logran ver,
encuentro dolor en mis oraciones;

Lágrimas que tuve que contener, para no mojar el papel,
de aquella carta suicida;
existe lo amargo en la miel,
qué ironía, algo inerte me da vida.

Ojalá alguien lo entienda,
estoy cansado de mi realidad,
mi ficción me remienda
y estoy envuelto en vicios a tan corta edad.

Adicto a las curvas, las letras, el alcohol y mucho más...
necesito dejar de pensar
poner a volar mi cabeza quizás
quedarme con el corazón y aprender a amar.

¿Será el amor la solución
o una mentira más para contarte?
llenar mis días de pasión,
ser amante del arte.

¿Será el desamor la solución
o una mentira más para contarte?
llenar mis días de razón,
dejar de ser amantes.

¿Es mejor la tristeza o la felicidad?
sé feliz, pero ten la cuerda lista
o sé infeliz de la infelicidad
nace un buen artista.

Atte.

Si no se escondieran mis ojos te miraría,
si no me pusiera nervioso me acercaría,
si con las palabras no me confundo te hablaría,
si desaparece el «no rotundo»,
preguntaría:

¿Vamos? A improvisar bajo la brisa
con movimientos atrevidos,
¿cómo puede ser tan linda una sonrisa?
A cualquiera deja convencido.

¿Vamos? A dejarte mojada,
con un te quiero y lluvia de fondo,
¿cómo puede ser tan linda una mirada?
A cualquiera deja en asombro.

¿Vamos? A donde nuestras almas se tocan,
y abrir las ventanas,
¿cómo puede ser tan deseable una boca?
A cualquiera deja con ganas.

¿Vamos? A que recorras mi espalda,
para que tus uñas resbalen,
¿vamos? Debajo de tu falda
y que tus labios me llamen.

¿Vamos? A descubrirnos,
transmitirnos paz,
¿vamos? Ahora a cubrirnos

y con tus gemidos hacer un jazz.

¿Vamos? A dejar la timidez
hasta que nosotros seamos una rima,
¿vamos? A que susurres mi nombre una y otra vez
sin necesidad de que estés encima.

¿Vamos? A intentar ser más que amigos.
Vamos... a donde sea, pero contigo.

Tu nombre

Kilómetros de versos escritos te dedicaría
estaba pensando que te besaba mientras llovía
recordaba tu nombre mientras las gotas caían
nueve gotas, nueve letras mi mente invadían.

¿Acaso te dejé de querer? Es lo que siempre me pregunto,
no sé qué responder y lo dejo en punto
y quisiera saber la respuesta,
¿por qué no te puedo sacar de mí? ¿Por qué tanto me cuesta?

Traté y no lo logré, por eso escribí,
sí, por eso estoy aquí;
ya debes estar cansada de estas rimas comunes,
perdón, tengo mis letras perdidas, pero tú las unes.

¿Hacia dónde me dirijo? ¿Dónde esos sonidos?
Es un bum bap, porque al estar contigo se aceleran mis latidos,
nuestros cuerpos se pusieron tristes al alejarse,
por eso vuelve, que nuestros átomos quieren tocarse.

Exquisito era el sabor de tus labios,
nos amábamos mientras nos llenaban de agravios,
ahora extraño tus besos, extraño esas mordeduras
quisiera tenerte al frente y volverte diabética de la dulzura.

Rompí cada foto, cada recuerdo, pero no es suficiente,
el mundo es tan cruel y tan inteligente
que me hizo pagar un engaño
por un «te extraño».

Inicié en el camino del olvido y me perdí recordando,
necesito que me llenes que me estoy vaciando,
y si te necesito, no para vivir, sino para vivir tranquilo,
para vivir contigo mientras mis sentimientos empilo.

No negaré que ya probé de otros sabores,
besé otros labios, me intoxiqué de nuevos olores;
aunque ahora quiero dejar el romanticismo,
porque sin amor, todos los besos me saben a lo mismo.

Eres, fuiste y serás mis mejores versos,
la mejor compañía que encontré en mi camino,
ahora sin ti solo escribiré poemas de amor sin destino;
es el fin, pero me acordaré de tu nombre en algún murmullo,
es el fin, y pensar que soñé con un futuro al lado tuyo.

Amodio

Te odio cada día más,
en mi mente aún estás
me odio cada día más.

Años enamorado de ti, no puedo creerlo.
Años queriéndote con la misma intensidad,
tendrás que creerlo,
malditos recuerdos que solo ocupan lugar,
aunque tampoco quiero deshacerme de ellos.

Te odio cada día más,
en mi mente aún estás,
me odio cada día más.

Años han pasado, años y me siguen gustando tus labios,
besos varios, abrazos diarios, veces varias,
desde la secundaria solo amando tus labios.

Te odio cada día más,
en mi mente aún estás,
me odio cada día más.

Treinta poemas de amor y esta canción desesperada
¡Oh!, amada mía. ¡Oh!, solamente amada,
quiero que vuelvas, pero también quiero que te vayas,
quédate conmigo toda la eternidad. ¿¡Por qué no te largas!?

Te odio cada día más,
en mi mente aún estás,
me odio cada día más.

Separados sin ser destinados o siendo destinados a nada,
se entrelaza mi rima, rama a rama.
se entrelaza mi alma con tu alma
y cogen sin nuestro consentimiento. ¡Ay, qué drama!

Te odio cada día más,
en mi mente aún estás,
me odio cada día más.

Te amo y te odio a la vez.
Temo y me arriesgo a la vez.
Te deseo y te desprecio a la vez.
Te admiro y te aborrezco.
Todo a la vez…

Sentimientos, pensamientos, tocamientos, resentimientos,
Aquí vamos otra vez…

Te odio cada día más,
en mi mente aún estás,
me odio cada día más.

De verdad lo intentamos y no es sano, nunca fue sano,
pero cuánto amor hubo,
no te amé en vano,
¿cuánto amor hubo?,
que estamos separados.

Te odio cada día más,
en mi mente aún estás,
me odio cada día más.

«El pasado nunca será un buen amante» lo escuché por ahí,
¿cómo desecho todo lo tuyo que hay en mí?
¿Cómo? Si recuerdo cómo latía tu pecho, recuerdo tu pecho, tus besos, abrazos, caricias, tu regazo, nuestros recuerdos...
¿Cómo desecho todo lo tuyo que hay en mí?

Te odio cada día más,
en mi aún estás,
me odio cada día más.

Tal vez si hubiera sido más romántico no me hubieras dejado,
pero ¿qué sé yo de amor?
improvisado, mi amor fue improvisado,
perdón, amor.

Te odio cada día más,
en mi mente aún estás,
me odio cada día más.

Me voy,
No voy a quedarme contigo para siempre pero probablemente te vuelva a buscar;
me voy y si te olvido ¡vaya suerte!
Ojalá te deje de amar.

Me voy,
olvidando lo inolvidable,
separando lo inseparable,
terminando lo interminable.

Me voy,
pero antes déjame hacerte saber,
y espero estés de testigo,
que amaba sufrir contigo ese cruel castigo con ratos de placer.

Me voy,
porque no somos eternos, solamente una vida te podré querer,
Me voy solamente para entender que tenernos solo era perder.

¿Fin?

¿Fin? Sí sin signo de interrogación,
vos lo decidiste así,
fin, haciendo caso a la razón,
los dos lo decidimos así.

Mirando mis ojos dijiste que todo estaría bien, mentiste,
qué buena eres para mentir,
mirando a mis ojos dijiste
todo, menos tu sentir.

Te odio, abandonaste como todos a mi interno niño
(te amo, por favor déjame ir contigo)
te odio, despreciaste mi cariño
(te amo, por favor vuelve conmigo).

¡Qué bueno que te has ido!
(no te olvides de escribirme)
un gusto haberte conocido
(nunca quise despedirme).

Ya no le creeré a tu sonrisa,
ya no habrá como nuestros besos,
ya no recorreré tu piel lisa,
de un «nosotros» ya no seremos presos.

No te puedo odiar a pesar de los cuatro años perdidos,
no te puedo olvidar después de todo lo vivido,
en un mendigo de ti me has convertido,
es tan largo el olvido...

Como aquel gran poeta dijo
si tan solo me quisieras
podría responder: «¿Qué pasó con aquella niña, hijo?»
ay, mamá, si supieras...

Luna

Aún conservo tus cartas de aniversario,
las leo cada vez que te extraño,
extraña, te extraña todo el barrio,
te extraño todo el rato.

Hasta me baño con la pulsera que me has dejado,
ando recorriendo los lugares que hemos visitado,
recorriendo con frecuencia el lugar del primer beso,
esperándote para que caminemos bajo la luna de nuevo.

El vino ya no sabe igual sin tus labios probándolo,
no disfruto igual el jazz sin tu compañía,
el arte ya no es arte si no estás mirándolo,
ya no quiero querer a nadie más, Sofía.

No quiero que sea el final de nuestra travesía,
ya te fuiste y si quieres volver no hay bloqueo,
si estás mejor así, que otro te escriba poesía
pero ten en cuenta que cada 11:11 te pido como deseo.

Eres demasiado paraíso, mujer especial,
sin duda estando contigo nada es igual,
gracias a ti uní versos, mujer espacial,
gracias a ti se lo que es amar al natural.

Vuelve si quiera de manera temporal,
y de todos los escritores existentes, elígeme a mí,
y «de todas las compañías posibles te elijo a ti»,
vuelve y tomemos un café por la catedral.

Quiero morirme

Quiero morirme,
carezco de emociones,
carezco de un propósito y pasiones.

Perdóname, vida, pero ya no te quiero,
mi alma se siente esposada,
y yo, vacío y perdido en la nada.

Muerte, ya no te temo,
dime que tengo los días contados,
que no aguanto a este mundo de poetas frustrados.

Tiempo, espera que presione el gatillo,
cansado de que sigas corriendo,
sin esperar a nadie, ni a los que de verdad están viviendo.

Soledad, dame un abrazo antes que me vaya,
tu compañía entendió mi sufrir,
mejor no me abraces, no quiero que me veas partir.

Mamá, si aún estás ahí…
quiero morirme,
o volver a escribir, o volver a fumar,
o volver a reír, o volver a amar,
quiero morirme o una simple taza de café.

Girasol

Estoy ilusionada contigo,
amor…
tu resplandor sigo,
porque me das color.

¿Por qué estás tan lejos?
Si quiero acariciarte,
¿por qué estás tan lejos?,
¿por qué me muero al besarte?

¿Por qué estás tan lejos?
Quiero abrazarte fuertemente,
amo tus reflejos,
por eso te busco para mirarte fijamente.

Te amo, es sencillo,
toda mi familia te ama,
y clama
de tu brillo.

Acércate siquiera un poco, dame de tu amor,
no solo tu calor,
por favor, sol,
te amo atentamente, un girasol.

Sin título

Piensan que me gusta amar,
pero en el fondo prefiero odiar
agarrar al primer hijo e' puta que me mira feo
y que lo salve Dios si es ateo.

Reír mientras tu cara bateo
beber tu sangre derramada
reír mientras tu cuerpo meo,
sacar al que tiene mi mente endemoniada.

Extraerte las manos, los ojos, dejarte sin nada,
algún día te abracé mientras llorabas,
me conoces bien, pero dejaste mi espalda apuñalada
y mientras me retorcía de dolor solo sonreías y mirabas como
yo lloraba.

Pero ya viene mi venganza y planeo hacerte lo que planeabas;
soy un maldito Dios o un Dios maldito, a eso me asemejo
soy un Dios sin creyentes y creer en mí tú jurabas,
pero hoy te mato, voy por ti aquel que se refleja en mi espejo.

¿Triste historia?

Érase una vez un hombre que era despreciado:
Espero que mi alma amor exija
no soy amado...
ni por mi propia hija.

¿Por qué? Si he dado todo de mí
quiero que estés aquí conmigo
yo estuve para ella y ella no está para mí,
amigo...

Estoy despechado,
lloro todo el día,
la tuve a mi costado
y ahora no me hace ni compañía.

Yo la quería, la quiero,
pero creo que ella ya no me quiere,
conmigo mismo soy sincero,
su ausencia me hiere.

El alma me muerde
porque tal vez me odies, ese el motivo,
solo espero que me recuerdes
aunque no esté vivo.

¿Bailamos?

Ven… y mis ganas mata
de bailar bachata
a ver si de este abismo me rescatas.

Paso a paso el tiempo pasa,
su cuerpo junto al mío tentaciones traspasa,
ven… y llenemos las ganas que están escasas.

Paso a paso el tiempo pasa, pero más lento
y por más efímero que sea su movimiento,
el mismo calor que usted siento.

Píseme, lléveme, sus caderas me guían,
mientras mis manos su cintura espían,
bajando al ritmo de la música hasta que nuestras emociones sonrían.

Susurraré cosas a su oído,
superemos nuestros límites le pido,
no solo se mueven las caderas en la pista de baile, seamos atrevidos.

Las vibraciones aumentan mientras nos movemos,
solo tú y yo sabemos,
vente conmigo, bailemos…

La inolvidable chica de la fiesta

Sentado y tranquilo me encontraba en aquella fiesta,
mientras me animaba a bailar, los alcohólicos en una siesta;
agradecido porque tenía libre la pista
al pararme del otro lado me llamó una vista.

¿Un cruce de miradas o fue más que eso?
Sus labios me llamaban a darles un beso;
me acerco al son de la música, 1, 2, 3
ahí está su sonrisa, o-tra vez.

Tan bella ella, dulzura derramaba,
tan bella ella, su alegría contagiaba,
me cedió su mano y empezamos a bailar,
y un cha-cha-chá empezó a sonar.

Después del baile, una charla larga, larga, larga
teníamos tanto en común que mis nervios ya no eran una carga
llegaba el final y éramos los únicos sobrios
y antes de irse me dijo: «Eres muy divertido, le caerás bien a mi novio».

Qué suerte la de aquel hombre;
siquiera me dejó una sonrisa puesta
aunque no me dijo ni su nombre
la inolvidable chica de la fiesta.

Bebiendo vino ajeno

Déjame explicarte, mujer,
no soy como los que sueles tener,
soy exclusivo,
como cualquier ser vivo.

¿Por qué dices que me amas? ¿A cuántos más amas?
Dices que me quieres porque no te trato como dama,
siendo mortal veo el calor que emanas,
ven, quédate con la culpa, no con las ganas.

Sé que hay muchos que te prometen maravillas,
yo no soy así, frente a mí, tienes que estar de rodillas,
a veces no es necesario el vino, sino pasar de frente a las costillas,
disfrutar como se disfruta al mar en el verano, sobrepasar tus orillas.

Soy adicto a las curvas peligrosas
y a las mujeres escandalosas,
como buen mentiroso, estar rodeado de mentirosas,
fingir que nos queremos mientras mi cuerpo al tuyo roza.

Al terminar, tus brazos con los míos arrullo
y para no crear murmullos,
no soy de nadie, mucho menos tuyo.

Puedo...

Puedo decirte tantas cosas,
puedo llenarte de rosas,
puedo promover nuestra química, juntar nuestra ciencia,
puedo amar tu perversión y tu inocencia.

Puedo tenerte cerca de mí de algún modo,
puedes amarme, yo te daré mi todo,
te quiero… espero me quieras también,
te quiero… y para quererte no soy quien.

Puedo amarte hasta la muerte,
puedo verte sin aburrirme,
puedo amarte sin tenerte,
puedo quererte sin irme.

«Puedo amar nuestra lejanía,
puedo amarte, aunque no me ames todavía.»

Tus cinco sentidos

Quiero hablar de tu vista, con lo que me enamoraste
es una pista, de lo que en mi dejaste
un juego donde juegas con mi mente
es un fuego que quema, pero no es caliente.

Tus oídos y mi voz
susurrando lentamente lo que haríamos los dos,
me encanta cuando escuchas las tonteras que digo
es que son muchas y, aun así, hablas conmigo.

Tu boca con mi boca, son tuyos, pero tus labios toco
porque deseo que seas la loca de este loco,
mi olfato se altera al oler tu perfume
me mata la espera y la tentación me consume
quisiera ser el viento para que me respires
pero me falta talento y esto te doy para que suspires.

Y solo uno falta, es el de tacto y tacto,
tu amor me asalta, amo ese acto,
de alegría brinco, porque el amor he conocido
yo sé que tengo cinco, pero en mí causas un sexto sentido.

Quiéreme

Complétame, soy un poema inconcluso,
que tu sonrisa rime con la mía,
que nuestras miradas cuenten una historia
y nuestras palmas se hagan compañía.

Recuérdame, cada vez que leas mi poesía,
en cada verso estás retratada,
musa mía,
decirte que eres mi noche estrellada.

Siénteme en cada estrofa terminada,
que siempre habrá un abrazo esperándote,
quiero leerte completa mi amada
y espero mis letras el alma estén desnudándote.

Léeme, estaré esperándote,
tu ser es el arte que me inspira,
vos sos la creadora de mis letras,
ti amo, gracias a ti soy poeta.

Yo, poeta; tú, mi musa

Un poeta es aquel ser que sufre de noches vacías
y las llena a pulso y sudor,
haciendo maravillas llamadas poesías,
transmitiendo sentimientos al lector.

Por eso «somos el dolor de un poeta malnacido»
y yo soy un poeta que mediante poesía te ha querido,
soy un poeta que hace música,
pensando en mi musa con aquella túnica.

Soy un poeta que no se cansará de escribirte
porque eres la heroína de mi epopeya,
aún en el universo me faltaría espacio para describirte...
¿Mi musa? Sí, eres ella.

Yo te enseñé mi amor mediante el tacto,
tú me lo enseñaste con caricias y el contacto,
y sin hablar del acto, te dejaré y veré desnuda
leyéndote el Soneto XXVII de Neruda.

Anormal

No es normal que me emocione al mirarte,
no es normal que me altere al tocarte,
no es normal que frene mi palpitar al abrazarte,
no es normal…

No es normal que llore por un recuerdo tuyo,
no es normal que el amor me alcance mientras huyo,
no es normal que haya renunciado a mi orgullo,
no es normal…

No es normal que después de tiempo siga esperándote,
no es normal que después de separarnos siga amándote,
no es normal, simplemente no es normal.

No es normal que te haya entregado mi vida,
ahora nada es normal.

No es normal que me haya enamorado,
pero con gusto dejo lo normal por ser anormal a tu lado.

Ne pleure pas

No llores, amor,
no llores lejos de mis brazos,
que están para abrazarte.

No llores lejos de mis oídos,
están para escucharte,
no llores lejos de mi pecho,
está pa' que descanses.

No llores lejos de mi boca,
está para alagarte,
no llores lejos de mis ojos,
están pa' acompañarte.

No llores lejos de mis manos,
que las lágrimas quieren secarte,
no llores lejos de mi cuerpo,
está pa' consolarte.

No llores lejos de mí, estoy para amarte,
no llores lejos de mí y si lo haces,
avísame y espérame,
iré a buscarte.

En silencio amando

Me siento frío sin tu cuerpo cálido,
nuestro último beso, fue el beso más árido,
muere por un abrazo tuyo mi cuerpo escuálido
te amo, aunque mi sentir no sea válido.

Tan solo quiero una caricia tuya,
mi mente tu nombre murmulla,
sentado fumando hasta que mi salud se destruya,
tiene que morir mi cuerpo para que esta historia concluya.

Nuestro amor era ciego, porque no veíamos lo felices que éramos los dos,
eres como oro para mí y yo me siento como gros
mi amor, como nos amábamos...
y ten en cuenta que mi cariño solo es para vos.

Nuestros recuerdos estuve borrando,
no podía y seguía recordando,
solo escribo en ti pensando,
no quiero irrumpir tu tranquilidad, te estoy en silencio amando.

Despedido

Estoy perdido y no sé dónde encontrarme,
estoy desprotegido y no sé dónde ocultarme,
un ciclo vicioso donde me perdí,
¿por qué mi orientación me regresa a ti?

Entre quererte, olvidarte y recordarte nacen mis lamentos,
me he cansado de ser fiel a mis sentimientos,
cansado de decirme que en el mundo hay más mujeres,
cansado de decirme que puedo apreciar a otros seres…

Dime que no me quieres,
solo dilo,
para poder irme tranquilo.

Amor mío

¿Por qué? Me he despedido de ti sin querer irme,
ya fue, tengo tatuados tus besos,
¿se borrarán al morirme?

¿Cómo se te deja de querer?
quiero dejar de hacerlo,
que por favor mi amor se desvanezca como el sol al atardecer.

Me siento perdido, sin ti ya no seré escritor,
ya no, no besaré tus labios, no te escribiré poesía, no miraré tus ojos,
no abrazaré tus traumas, ya no, solo te enviaré a donde sea que vayas amor.

Te tenía guardado en mi pecho un nicho,
vete rápido por favor,
y ya no me llames cariño, llámame lo que fui, capricho.

Huye de mí, siempre miedo a sentir amor tuviste,
ya no seguiré tus pasos, dejaré tu mano en paz,
pero antes de irte repíteme que me quisiste.

Te odio, te deseo el bien y gran alegría,
te amo, ojalá no encuentres a alguien más,
te mueras a temprana edad, o me extrañes algún día.

Te diré

Te diré que estoy feliz de decir que ya te he escrito suficiente,
qué raro que la boca de la botella sí fue eficiente;
sé que te veré en otra parte que no sea mi mente,
y ya no pediré que me abraces, te diré vete o vente.

A veces lo mejor es desviarse del camino, y lo hice, pero ¿qué crees?
estoy aquí, «Otra vez»
escribiendo para ti como casi siempre,
pero hoy es algo diferente, te diré:

Que cambié ese nunca, te dejé de querer;
«sé que tú no quieres que yo a ti te quiera», entonces ¿qué debo hacer?
si no sé hacer otra cosa que no sea escribirte…
si no sé hacer otra cosa que no sea pedirte…

Que regreses, no quiero tener otra musa,
regresa, no dejes esta poesía inconclusa;
no sé cómo terminarla, ¡regresa! Exclamo;
no sé cómo acabarla, te diré
por última vez,
Te amo.

Te la dedico

Te voy a escribir,
aunque nunca leas nada,
en mi mente dejarás de existir
después de esta poesía recitada.

Tal vez no, se niega mi conciencia,
porque yo extraño tu presencia.

Te confesaré algo de mí
tú fuiste la razón, pero fue culpa mía
que de tanto pensar en ti
sufro del síndrome de hipergrafía.

Perdón por los versos flojos, perdón por mi básica oración,
digo con lágrimas en los ojos, que esta es mi última dedicación.

Nuevamente tú, nuevamente sin rimas

Hay tanto de qué escribir y solo escribo de ti;
me enamoraste, eres una canción de carne y hueso,
eres una sinfonía única que solo yo quiero tocar,
eres el atardecer que deslumbra mis ojos.
Añoro que me dejes sin palabras, no terminaba la frase y ya se pegaban tus labios,
solo quiero tenerte al frente una vez más, ver esa sonrisa que las princesas trataban de imitar,
y al final despedirme con un abrazo ya que tus brazos me sentaban tan bien;
mira cómo me has dejado, sin la capacidad de rimar y cuándo leas lo que te dediqué
espero reconozcas lo que te he escrito.

La búsqueda

Busco a alguien que ame lo que escribe mi mano
tal vez en un lugar lejano,
en un lugar insano
o a alguien inhumano;
pero espero que ame lo que escribe mi mano.

Que no me ame a mí, que ame este arte sano,
que todo lo que escribí no sea en vano,
que alguien por favor ame lo que escribe mi mano,
llegó el fin de mi era de humano,
líneas de vida en plano,
perdió la inspiración el artesano.

Maldito insomnio

¿Estoy loco o pienso mucho?
Las noches interminables son las que me carcomen.
¿Estoy loco o por qué me escucho?
Esperando de que en mis bolsas mis sueños se asomen.

¿Mis sueños están perdidos o yo me perdí de ellos?
Y ¿por qué se me dificulta dormir?
¿Debo matar aquellos momentos bellos
o matar mis ganas de escribir?

Mejor dejo de hacer preguntas porque surgen más preguntas y
me pongo a temblar.
¿Me vuelve más débil el llorar?
¿Me hace más fuerte el gritar?
¿Me hace más cobarde el quererme suicidar?

No aguanto esta vida, necesito ser más fuerte,
no ahogarme en mis pensamientos caóticos,
tal vez recurrir a la muerte
o simplemente a los narcóticos...

Papá

He decepcionado tanto a mi padre,
que más que dulce, en su vida soy vinagre;
ya no me acuerdo de su voz, y eso que no es mudo,
y al vernos ni siquiera existe el saludo.

Vivimos juntos en la misma casa,
pero, por los pasillos el tiempo es el único que pasa;
¿Dónde estás? Ya no te veo y eso que no soy tuerto,
¿Dónde estás? Ya no te siento y eso que no estás muerto.

De niño exigía cariño y no me enseñaste a querer,
pero gracias a ti, ahora que estoy creciendo voy aprendiendo a desaparecer;
viejo, ya me estoy volviendo viejo, ya no te creo necesitar,
pero mi niño interno no se cansará de gritar:

«¡Me siento solo acá!
¿¡Dónde estás!? Papá».

Carta a Dios

Hace tiempo que espero una respuesta,
¿por qué no respondes? ¿Tanto te cuesta?
¿No te das cuenta que tu gente está sufriendo?
¿No te das cuenta de que mi mente está teniendo una confusión?
Al pensar que no me escuchas
¿quieres una oración
o necesitas muchas?
Al cielo grité:
«Por favor… quiéreme».
Exclamé:
«ámame, que estoy perdiendo la fe».

Estamos llorando,
estamos gritando,
estamos sufriendo,
estamos muriendo,
estamos rezando,
¿y que estás haciendo?
estás esperando,
en el cielo riendo.

Hoja y lapicero

Otra vez lo intenté,
fallé como siempre,
otra vez...

Solo lo veo en mi mente o cuando estoy frente al espejo,
maldito joven de ojos cafés, qué ganas de matar a mi reflejo.

Y ya sé cómo hacerlo,
para que muera él debo matarme a mí primero.

A veces sirve para atormentarme y repetir los errores que cometo,
sus gritos resuenan en mi cerebro y cuando quiere pelear en público trato de ser discreto.

A veces sirve para calmarme y decir que soy bueno,
y aunque seguidamente lo odio, también lo amo, porque un abrazo suyo me deja lleno.

Esta situación me hace acordar a algo que alguna vez leí:
«A veces se mata por piedad» y yo tengo piedad de mí.

Es tan bipolar que me hace borrar y escribir desde cero,
tal vez la solución no sea matarlo, sino aprender a convivir como la hoja y el lapicero.

Dios

Dios, ¿qué hay de malo en mí?
¿Me lo podrías decir?
No lo he sabido desde que me has enviado aquí.

¡Dios! ¿Qué hay de malo en mí?
No sienten orgullo mis padres,
habitaba en su corazón, pero ahora me botan de ahí.

¡Dios! Estoy rodeado de fracasos. ¿No quedó ningún talento para mí?
¡Dios! Me hacen falta tus abrazos.
¿Acaso no miras en lo que me convertí?

Dios... sé que no debo culparte, pero ¿por qué me hiciste así?
tanto me quieres que me tiraste al suelo
y me rendí.

Dios... pido tu ayuda y no vienes a mí,
me rindo ante la vida,
volveré a ti.

Alegría de un alma

Despierto, veo el suelo ensangrentado,
qué raro, no recuerdo a nadie haber matado.

¡Qué raro! Encuentro el espejo quebrado,
desorden a mis costados.

Mis pastillas están completas, pensé que las había tomado,
volteo y veo el revolver descargado.

Estaban mis escritos en el cuarto desparramados,
comienzo a molestarme, pero de algo no me había percatado.

Con un rostro feliz ahí vi mi cuerpo tirado,
una sonrisa tan real, y claro, ¿cómo no iba a estar feliz? Si el gatillo había apretado.

Por fin se habían callado
las voces de mi cabeza
y digo con certeza
que la muerte no es completamente tristeza.

Nota de suicidio

No soy poeta y si lo fuera sería uno barato,
no soy poeta solo escribo garabatos,
no soy poeta porque en el fondo la poesía mato,
no porque quiera, sino por malos ratos.

No tengo una sonrisa firme,
pero tampoco diré que es fingida,
probablemente en unos meses llegue a extinguirme,
a menos que mi alma quede con vida.

Hablando de vida, me invade la cobardía;
no sé cómo vivirla, solo cómo sufrirla,
mi corazón me dice cada día
ama a la muerte, pero deja de engreírla.

No sé si llamarle depresión;
tengo un nudo en el cuello con sus dos interpretaciones,
a punto de explotar estando lleno de presión;
quiero dejar mis poemas, si quieren háganlas canciones.

No pediré perdón, un adiós basta, ya no me causen fastidio;
yo lloraré por ustedes al ver cómo sufren en vida,
con esto acabo mi nota de...

Mi muerte

Sentado bebiendo y fumando,
en mi mano otra cajetilla vacía,
¿será que me estoy matando?
Otra botella vacía, como la vida misma, como la vida mía.

Ahogándome en ron y vino,
pásenme una escafandra,
no estoy solo en mi camino,
estoy abandonado como dijo Alejandra.

Intentando sentir de manera cotidiana,
no quiero matarme, tan solo morir, pero enseguida,
ya no me inspira nada, ni aspirando marihuana,
le he perdido el gusto a la vida.

¿Cómo callar las voces de mi mente?
¿Cómo vivir si mi ser ya no siente?
Ya fue, un tiro en la sien será suficiente,
he de decir que he muerto a mis 20.

Incompleto

Nada es más adictivo que el pasado,
despechado recordando este mismo
hasta yo mismo me he abandonado,
que alguien me salve de este abismo.

Usé un lápiz porque no pude apretar el gatillo,
usé un papel como pañuelo,
antes que emprenda vuelo le pregunté al pajarillo
si él se estaba llevando mis sueños.

Mis anhelos, mi esperanza de que el amor exista;
que mi alma resista porque perdí mi talento,
como buen artista perdí a la felicidad de vista
y ahora fumo descontento.

¿Dónde me encuentro? Perdido en el humo del cigarro,
tan perdido que toda mi mente se equivoca,
el dinero despilfarro
para que un puro cubano acaricie mi boca.

Pagando por amor, pero solo ofrecen sexo,
disfrutando el sexo para completar la mejor trímera,
disfrutando el ron, creando con el alcohol un nexo
para alimentar esta creatividad efímera.

Efímera como la humanidad, como la verdad, como el tiempo
estoy de luto por el tiempo, se volvió efímera la eternidad,
como este ser a destiempo,
amante de su infelicidad.

«Eternidad», que palabra tan corta,
palabra extensa libertad,
¿Soy libre o me encuentro en soledad?
Ya no importa, me absorta,
pensar en palabras cortas, como vida o felicidad.

¿Felicidad? El querer seguir viviendo en este infierno, el querer seguir sintiendo en este invierno,
el querer, el querer seguirte viendo,
el querer seguirte oyendo,
en mi mente estás sonriendo y tu sonrisa es un instante eterno.

Te entrego mi verso, es lo más personal que tengo,
sostengo recuerdos, contento,
de cualquier pensamiento me abstengo, cualquier sentimiento detengo,
pensar en ti me dejó sin aliento.

Pensar en ti me mantiene despierto,
duermo, pero nunca descanso,
temblando por un futuro incierto,
llorando en un desierto donde tú eres un oasis con un lago remanso.

Declamo como si me escuchara un teatro lleno,
me siento pleno e incomparable,
me siento culpable de no escribir algo tan bueno,
que hasta el más adicto dice que mi poesía es infumable.

Lamentable que mi ser solo viva al azar,
queriendo abrazar al que ya no está ahí,
a punto de ahogarme me puse a rezar,
no funcionó y morí, en aquel bar,
pero en este mismo lugar, reviví.

Sentí tu abandono, «Señor»,
me lo merezco por creer mucho en ti,
muchos te llaman «Salvador».
¿De quién? ¿Qué sería de mí sin mí?

Percibí en Dios maldad,
con crueldad enterraré tu nombre, creador de hecatombes,
sé que envidias nuestra mortalidad,
hoy entierro tu nombre, «Nació una religión sin Dios, hoy tengo fe en el hombre».

Fragmentos

Vida

Qué bonito es caminar sin destino, sin sentirse perdido,
sin haber conocido la razón por la cual he nacido.

Quiero una vida de libertad,
no sentirme preso por lo que la gente piensa,
quiero sexo, amor y amistad,
quiero una vida intensa, no extensa.

Ganas

Soy adicto a las curvas peligrosas y a las mujeres escandalosas,
rabiosas, mujeres golosas que te marcan y no solo la espalda,
que me susurren al oído mientras se quitan la falda,
que sus pechos atraigan mis palmas,
que no solo con un beso succione mi alma,
sé percibir que tipo de calor emanas,
a mí no me engañas,
no digas que me amas,
solo ven y quédate con la culpa, no con las ganas.

Morena

Morena, que aún no es mía,
Morena fría,
Morena candente cerca mía,
Morena de buenas caderas y sinfonía,
Morena de piel traviesa y picardía,
Te quiero morena, aunque no me quieras todavía.

Mujer

Qué mirada mujer, qué mirada,
ojos cafés que desnudan mi alma,
musa, dejaste a mi mano inspirada,
dejaste a mi mano con ganas de sentir tu palma.

Qué sonrisa, mujer que sonrisa,
la calma que me transmiten tus muecas,
perfecta media luna que hipnotiza,
tus pecas, rostro iluminado por estrellas.

Qué cintura, mujer qué cintura,
por tu cuerpo resbalan mis ganas,
sin temor muestra tu soltura
y caliéntame con el calor que emanas.

Natural

El rímel no hace la mirada,
el placer está en ver tus ojos,
el brillo del sol queda en despojos
y la luna queda deslumbrada.

El labial no le da sabor a tus besos, son tus labios carnosos,
que dejan a la miel amarga,
estoy seguro de que tu beso se encarga
de dejar a mis labios ansiosos.

Figura

No te da brillo el maquillaje,
es tu piel dorada y atrevida,
la cual se vuelve adictiva a los besos y a los roces,
a mis toques y tus goces, mi lenguaje.

No te da cuerpo usar encaje,
hipnotiza al natural esa cintura,
amante de verte sin censura,
esa figura es de linaje.

Quiero

Quiero flagelar tu cintura con la mía,
excitarte con poesía,
aprender a tocarte improvisando,
escuchar esa amena melodía mientras estoy entrando.

Quiero generar un orgasmo en tu mente,
cogerte también de manera mental, «hacerte un poema oral»,
en el sexo ser tu único referente,
y enseñarte aquello que no es trivial.

Erótico

Mis yemas se pegan a tus costillas,
tus piernas me dejan libre la entrada,
mi boca a tu cuello hace cosquillas
y el placer te hace desviar la mirada.

Mi nombre se refleja en tus gemidos,
se mueve por si sola tu cintura,
lamiendo tus pechos escucho tus latidos
y abrazas mi miembro con tu montura.

Sexo

Usa mi espalda como lienzo de tus uñas,
destroza mis labios, mientras a tu entrepierna cortejo,
desgarra mi cuello que con tus besos aruñas,
y cuida mis manos mientras tus senos manejo.

Amor, no solo quiero amor contigo, sino un sexo sempiterno
me apasiona el cuerpo tuyo, tan frío, tan complejo,
entre nuestras caderas se crea un placentero infierno,
odio el calor, pero si me lo provocas tú no me quejo.

Eres

Eres para mí lo que el *jazz* es para mis oídos,
eres para mí lo que el arte es para mis ojos,
eres para mí lo que la creación es para mis manos,
eres para mí lo que un floral es para mi nariz,
eres para mí lo que el vino es para mi boca,
eres para mí poesía,
o tal vez no eres para mí.

Caminata

Amo caminar por la ciudad de noche,
solo escuchar nuestros pasos y tu voz,
solo sentir la brisa y tu mano,
solo mirar la luna y tus ojos,
solo admirar estrellas y tu rostro,
solo besar el viento y tus labios,
solo abrazar al frío y a ti,
solo querer a la noche y a vos,
solo caminar contigo,
solo contigo.

Olvido

Lamentablemente si me escribes te voy a responder,
lamentablemente no me puedo negar a ti,
tal vez llegues a creer
que aún te necesito aquí.

Pero no te necesito, solo te quiero
y si tú «poco a poco me dejaste de querer, te dejaré de querer poco a poco»
porque es poco lo que ya siento, pero aún siento;
y «si algún día quieres volver, lo siento,
ya te habré olvidado».

Virgen

No debí enamorarme de vos,
con placer bebes mis lágrimas,
nunca fuimos dos
y en vano te escribí tantas páginas.

Increíble tu manera de coger,
increíbles tus labios,
increíble tu sabor,
eres tú mi musa, yo tu máquina de placer,
experta en el sexo, virgen en el amor.

Léeme

Léeme, por favor,
que me olviden todos, menos vos,
apréndete mis versos,
guarda en tu bolsillo mis rimas,
desnuda mi poesía, y vuélveme a leer,
recolecta los recuerdos de cada estrofa
y los te amo de cada escrito.

Aunque ahora seas

Dibuja tu rostro el humo del cigarro,
tus besos los siento en mis sueños,
de las caricias de tu mano me embarro
y abrazo con fuerza los recuerdos pequeños.

Tu cálido cuerpo en mi ventana sigo pintando,
con alcohol trato de imitar tu sabor,
aquel lugar de siempre nos sigue esperando,
aunque ahora seas un poema sin amor.

Sin

¿Te perdí o me dejaste?
¿De verdad intentaste quedarte?
inspiración vuelve amarme, yo acepto quedarme;
pintor sin pincel, perdí mi arte.

Ahora no tengo a quien amar,
no hay lugar donde resurja mi vocación,
no hay lugar donde alojar mi oración,
triste poeta sin inspiración, triste hombre sin corazón.

Adiós

Dejaré la escritura,
la montura del caballo que domé por años,
mis versos se volvieron extraños,
los extraño, sin mi rima terminé ermitaño.

Se perdieron en la lejanía,
día a día recordando lo que éramos nosotros,
ya no existe un nosotros,
te odio inspiración, cuando te fugas con otro.

Falta

Eres de mi mundo, la poesía que más resalta
y si yo fuera cantante, serías la nota más alta,
he de decir que tu presencia a mi vida exalta,
pero ya no estás, me quedé sin razón,
antes decía que me faltaba inspiración,
ahora eres tú lo que más me falta.

Ciao

Que raramente bella es la historia de los dos,
tantas alegrías acompañadas de dolor,
tantos encuentros y despedidas,
ahora solo queda decir: Adiós, amor de mi vida,
adiós, amor,
tan solo adiós.

Artimaña

Quiero comprar bombones no condones,
quiero bajar la luna no calzones,
no dar solo sexo, también flores,
no ser solo esto, tener amores.

No soy bueno para el amor, ni para hacerlo,
alguna vez amé, ¿pueden creerlo?
estoy siendo una artimaña, engañando a quien me engaña,
estoy «extrañando al amor de mi vida mientras me cojo a una extraña».

Niño

Quisiera ser niño otra vez, pero ya no volver a crecer,
quisiera ser niño otra vez, a papá poder ver,
a papá poder oír, a papá poder querer.

Ay, papá... ya no escucho a mamá en casa,
casa, muy frívolo para llamarle hogar,
deber ser porque perdí a quien me abraza,
ay, mamá... ¿Cuándo te podré escuchar?

Vicio

¿Cómo recupero el control?

Arrepentido, perdido como muchos en vicios,
convirtiéndome como muchos en nada,
lanzándome solo al precipicio,
dejando mi vida abandonada.

Me despido de mí mismo
y de mis letras creadas,
pensando en un suicidio con cinismo,
ya que no encuentro sentido si mis manos estarán atadas.

A un cigarro y a una botella de alcohol.

Futuro

Perdí mis pasos, escaso de abrazos, escaso de vida;
extraño tener familia, envidiar a quienes me envidian,
curar con besos aquella herida,
que dan a la muerte bienvenida.

Sueño con ser eterno;
llenar de sentimientos mi cuaderno,
quedar enfermo de amor, aprender a amar, estar contento,
pero... no puedo encontrar afuera lo que me falta dentro.

Tantas cosas quiero, cumplir mis sueños, mis metas,
perdón, es que mi mente es muy inquieta,
quiero ser llamado poeta,
y si yo ya no tengo futuro, si quiera que lo tengas mis letras.

www.ingramcontent.com/pod-product-compliance
Lightning Source LLC
LaVergne TN
LVHW091222150826
845673LV00003B/968

* 9 7 8 6 1 2 5 1 6 0 9 5 9 *